Trödelmarkt der Träume

Michael Ende

Trödelmarkt der Träume

Mitternachtslieder und leise Balladen

Besuchen Sie uns im Internet:
www.hockebooks.de

Michael Ende: Trödelmarkt der Träume.
Mitternachtslieder und leise Balladen

Covergestaltung: Joachim Luetke (www.luetke.com) unter Verwendung eines Ausschnitts des Gemäldes »Der gefesselte Sturm« (1965, Öl auf Leinwand, WZ 256) von Edgar Ende

Neuausgabe:

Die Originalausgabe ist 1986 im Weitbrecht Verlag in K. Thienemanns Verlag, Stuttgart/Wien, erschienen.

Herstellung: BoD – Books on Demand, Norderstedt
Printed in Europe

ISBN: 978-3-95751-363-2

www.michaelende.de
www.ava-international.de

Inhalt

Zu diesem Buch

Das Lied hat seine eigene Geschichte, ist geprägt von der Zeit und von den Ländern, in denen es entstanden ist, und ist dennoch zeitlos, unvergänglich, immer gültig. Es wurzelt in den Wirklichkeiten der Menschen, von alters her, es drückt aus, was Menschen leben, lieben, leiden, ihre Sehnsüchte und Träume, ihre großen und kleinen Hoffnungen und Wünsche, Sorgen und Kümmernisse, es singt und sagt von Empörung und Schmerz, Widerstand und Ergebung: von Liebe, von Leben und Tod.

In Deutschland ist das Lied seit der Romantik in die Salons abgewandert und Bestandteil einer bürgerlichen Kultur geworden. Es fehlt ihm heute sein wesentlichstes Merkmal: Dass es lebendig unter uns ist.

Das Lied gehört in unseren Alltag, wie es in unseren Nachbarländern der Fall ist, da gibt es das *chanson* in Frankreich, den *canto* in Spanien, den *song* in England und Irland und die *canzone* in Italien, wo die Liedermacher *cantautori* heißen. Seit alters her werden dort die Lieder auch von den Dichtern geschrieben. Und ist, was hier entsteht, nicht oft interessanter und lebendiger als das, was in so manchen esoterischen Lyrikbändchen enthalten ist?

Liedertexte sind keine Gedichte. Sie halten einen Freiraum offen für die Musik, sie provozieren Musik geradezu. Das Lied singt und sagt – in dieser Reihenfolge –, das meint, es rankt sich beim Lied das Wort um die Melodie. Ein Gedicht zu vertonen, ist schwierig, weil es bereits eine Wortmelodie enthält, so erübrigt sich oft die Vertonung. Liedertexte dagegen erzählen manchmal eine Geschichte, leben aber hauptsächlich von Stimmungen und Bildern, die absichtlich vieles offen und unausgesprochen lassen, das man erraten muss. Es bleibt ein merkwürdiges Geheimnis, etwas Träumendes, Schwebendes, das die Musik gleichsam hervorruft.

In diesem Band werden fünfzig Liedertexte Michael Endes vorgestellt – Texte, die lustig, seltsam, bitter und versöhnlich sind.

Voraus ging der melodische Einfall, danach entstand der Text. Endes Lieder haben alle ihre Melodie, die sie trägt, nur soll sie nicht verbindlich sein, vielmehr soll jeder, der kann und mag, eine eigene Melodie erfinden.

Ende hat unterschiedliche Liedarten zusammengestellt: die Ballade, das Chanson, das Lied mit Volksliedcharakter, den Choral, das Couplet, das Spielchanson; und es steht die traditionelle Liedform neben der ganz freien. Die entscheidende Rolle spielt hier der Rhythmus – vom 3/4- bis zum 7/8-Takt, von der Samba über den Tango bis zur Polka. Liest man die Texte rhythmisch, versteht man ihre Form und kann die Melodie vernehmen.

Michael Ende hat seine Lieder im Laufe einiger Jahre geschrieben, für verschiedene Auftraggeber, hauptsächlich Komponisten, zu ganz unterschiedlichen Anlässen. Sicher wäre es wünschenswert, könnte die Veröffentlichung der vorliegenden Sammlung dazu beitragen, unsere Liedkultur zu beleben. Vielleicht haben wir uns diese Lieder eines Tages so zu eigen gemacht, dass sie Allgemeingut geworden sind. Dann wäre das Lied lebendig unter uns wie ehedem.

Der Taschenspieler

Vor Fortunas Zauberbude
steht ein magerer Kumpan.
Halb ein Magier, halb ein Lude,
preist er seine Wunder an.
Schief der Hut des Herzbezwingers.
Rostig klingt sein Redeschwall.
Auf der Spitze seines Fingers
kreiselt unser Erdenball.

Ihr Damen und Herren, hier könnt ihr mal sehen,
wie Dinge verschwinden und wieder entstehen.
Dort drin ist schon alles parat.
Das Kinderspiel von der Liebe und Treue,
das Sünderspiel von der Schuld und der Reue – und alles im Taschenformat!
Ernst und heiter sind die Spiele,
bitter oder zärtlich auch.

Für besondere Kunden viele,
andre für den Hausgebrauch.
Schattenspiele sind darunter,
dunkel wie die Nacht der Welt,
andre sind vergnügt und munter,
alles das für wenig Geld.

Der König, die Dame, der Bube, der Weise,
die Liebespaare, die Narren und Greise,
der Teufel und auch der Soldat:
Gemischt ist das Spiel nach Fortunas Launen.
Ein Abrakadabra – wer will, der mag staunen!
Und alles im Taschenformat.

Fragt sich auch der Kompetente:
Ist der Zauber nicht Beschiss?
Schreit nicht gleich nach der Polente!
Nichts im Leben ist gewiss.
Darum kann es auch geschehen
und der Fall liegt umgekehrt:
Mancher kauft aus Versehen
schon ein echtes Stück von Wert.

Und zieh ich euch wirklich ein Ei aus den Nasen
und aus dem Zylinder lebendige Hasen,
dann glaubt eben, dass ich es tat!
Uns bleibe der Spielverderber gestohlen!
Ihn soll gleich ein Teufel mit Doktorhut holen –
natürlich im Taschenformat.

Kluge Herrn und schöne Damen,
steinarm oder bettelreich,
kommt in unsre Taschendramen!
Unser Spiel beginnt sogleich.
Eure Tränen, euer Lachen
sind des Gauklers höchstes Ziel.
Ohne euch – was soll er machen?
Tretet ein ins Taschenspiel!

Und sind denn die Spiele der Träume hienieden
so sehr von den Wirklichkeitsspielen verschieden
ums Geld und die Macht und den Staat?
Ihr glaubt nur zu spielen mit Tricks und mit Touren
und dient in dem größeren Spiel als Figuren –
und alle im Taschenformat.

So der magre Kerl dort oben,
der vor jener Bude steht.
Doch man muss den Bürger loben,
der geschwind vorübergeht.
Hört nur nicht auf seine Reden,
lasst euch lieber nicht drauf ein!
Denn zum Partner macht er jeden
seiner Taschenspielerein.
Die Mysterienspiele vom besseren Leben,
die Mysterienspiele vom Fortschrittsstreben,
ihr glaubt dann daran nicht mehr.
Dann zeigt sich Fortuna euch nackt, ohne Hüllen,
dann spielt ihr das Spiel um des Spieles willen
als Taschenspieler wie er.

Die Papier-Tragödie

Es war ein Mädchen aus Papier,
ganz weiß und zum Verlieben.
Es hatte keiner noch auf ihr
das kleinste Wort geschrieben.

Das gibt es, glaubt es mir!
Sie war nur aus Papier.
Das gibt es, glaubt es mir!

Da kam ein Junge aus Papier,
ein brauner, weit gereister,
ganz voll Adressen dort und hier,
gestempelt und voll Kleister.

Verzeiht ihm das Geschmier,
er war aus Packpapier.
Verzeiht ihm das Geschmier!

Auch Liebespaare aus Papier,
die können wahrhaft lieben.
Sie hat auf ihm, er hat auf ihr
mit eigner Hand geschrieben:

»Mein Herz gehört nur dir,
bin ich auch aus Papier.
Mein Herz gehört nur dir!«

Doch eines Tags das Unheil naht,
sie litten unaussprechlich:
Ihn rief ein ferner Adressat
und auf ihm stand »Zerbrechlich!«

»Ich kehr zurück zu dir,
mein Mädchen aus Papier!
Ich kehr zurück zu dir!«

Nun wartete sie jahrelang
und wurde langsam gelber.
Und war ihr einmal gar zu bang,
dann las sie auf sich selber:

»Mein Herz gehört nur dir,
bin ich auch aus Papier!
Mein Herz gehört nur dir!«

Ein Greis aus einem Zeitungsblatt,
zerknittert und voll Lügen,
der schrecklich viel Papiergeld hatt',
der wollt sie zum Vergnügen.

Sie widerstand der Gier
und war nur aus Papier.
Sie widerstand der Gier!

Das nahm der Alte ihr sehr krumm,
und voller böser Tücke
mit einer Scher' bracht er sie um
und schnitt sie in zwei Stücke.

Worüber lächelt ihr?
Ihr seid nicht aus Papier,
worüber lächelt ihr?

Und als der Liebste aus Papier
zurückkam wie versprochen,
da fand er sie und stand vor ihr
und hat kein Wort gesprochen,

weint keine Träne ihr.
Er war nur aus Papier,
weint keine Träne ihr.

So stand er, bis es dunkel war.
Sein Herz fing an zu brennen.
Und er verbrannte ganz und gar
und war nicht mehr zu kennen.

Dies schwarze Flöckchen hier
war Liebe und Papier.
Dies schwarze Flöckchen hier!

Die Ballade vom Seiltänzer Felix Fliegenbeil

Es war ein Tänzer auf dem Seil
mit Namen Felix Fliegenbeil,
der größte aller Zeiten,
das kann man nicht bestreiten.
Ihm lag nicht viel an Gut und Geld,
nichts an der Menge Gunst,
ihm ging's nicht um den Ruhm der Welt,
ihm ging es um die Kunst.

Schon in der Seiltanzschule war
er bald der Beste in der Schar,
und als ein Jahr vorüber,
war er dem Lehrer über.
Da sagte der in mildem Ton:
»Du Wunderkind, ade!
Ich kann dich nichts mehr lehren, Sohn,
drum geh mit Gott – doch geh!«

So zog er in die Welt hinaus,
wohin er kam, erscholl Applaus.
Die ganze Welt bereist' er
und suchte seinen Meister.
Doch keiner tanzte so genial
die Sprünge des Balletts
hoch droben auf dem Seil aus Stahl
und immer ohne Netz!

Da er den Meister nirgends fand,
beschloss er endlich kurzerhand,
statt andre zu begeistern,
sich selber zu bemeistern.
»Mein Tanz«, sprach Felix Fliegenbeil,
»ist noch kein Meisterstück.
Zwar kann ich alles auf dem Seil,
doch ist das Seil zu dick!«

Drum spannte er von Haus zu Haus
nun einen Draht anstatt des Taus
und übte drauf zu springen.
Das sollte bald gelingen.
Dann nahm er einen dünnern Draht
und einen dünnsten noch –
es dauerte zwei Jahre grad,
dann konnte er's jedoch.

Und schließlich kam das siebte Jahr,
da tanzte er auf einem Haar,
gespannt von Turm zu Turme,
dort schritt er hin im Sturme.
Das Publikum sah schweigend zu
und hielt die Hüte fest.
Dann aber kam der letzte Clou,
der sich kaum glauben lässt:

Denn eines Tags um acht Uhr früh,
da spannt er *nichts* mehr zwischen sie:
Er tanzte auf der Leere,
als ob dort etwas wäre!
Hoch überm Abgrund ging er zwar
mit leichtem Tänzerschritt,
doch weil er ohne Halt nun war,
nahm ihn ein Windstoß mit.

Wer weiß, wohin der Wind ihn trieb?
Ein Astronom allein beschrieb,
was er im Fernrohr schaute
im Sternbild Argonaute:
Es sei, sprach er, gewiss kein Traum.
Er habe ihn gesehn,
von Stern zu Stern im Himmelsraum
wie einen Tänzer gehn!

Es war der Tänzer ohne Seil
mit Namen Felix Fliegenbeil,
der größte aller Zeiten,
das wird man nicht bestreiten.
Ihm lag nichts mehr an Gut und Geld,
nichts an der Menge Gunst,
ihm ging's nicht um den Ruhm der Welt,
ihm ging es um die Kunst!

Der Unsichtbare

Es war einmal ein Mann, der war
zu seinem Kummer unsichtbar,
doch war er so nicht immer.
Er war's geworden mit der Zeit,
doch nicht durch Zauber oder Eid,
die Sache stand viel schlimmer!

Vor vielen Jahren war er doch
verhältnismäßig sichtbar noch!
Wodurch sein Bild sich trübte,
das war, dass niemand auf der Welt
sich je zu ihm als Freund gesellt,
der ihn von Herzen liebte.

Doch der, den keiner gerne hat,
der geht vergessen durch die Stadt,
ein Niemand hier auf Erden!
Zuerst vergeht sein Name nur,
sodann verliert er die Kontur –
unsichtbar muss er werden.

So ging der Mann nun stets umher.
Die Leute wunderten sich sehr,
erschrocken oder heiter:
Zwar seinen Anzug sah man gut,
darüber schwebte meist ein Hut,
dazwischen war nichts weiter.

Da ward's ihm eines Tags zu dumm,
er ging zu einem Künstler drum,
ließ eine Maske schnitzen:
»Sie soll«, sprach er, »falls es das gibt,
so schön sein, dass mich jeder liebt,
und muss vortrefflich sitzen.«

Und als die Maske war gemacht,
trug sie der Mann bei Tag und Nacht,
viel Menschen er betörte.
Doch weil's nur um die Maske war,
blieb er in Wahrheit unsichtbar,
was niemand weiter störte.

Er blieb's, bis ihn der Tod entlarvt'.
Ich aber will ganz unbedarft
die Kinderweisheit schreiben:
Sei dankbar jedem, der dich liebt,
sei selber wer, der Liebe gibt –
damit wir sichtbar bleiben!

Die Ballade von der wundersamen Köchin

Gib mir Geld, lieber Mann,
dass ich kochen kann,
sprach die Frau zum Mann,
wo nehm ich sonst für dich und mich ein Mahl her?
Meine liebe Frau,
ich versteh genau,
sprach der Mann zur Frau
und gab ihr einen runden, schweren Taler.

Und die Frau bringt auf den Tisch
Suppe, Vorgericht und Fisch,
weißen Wein und Kälberbraten,
Wild mit dreierlei Salaten,
dann Pasteten mit Haschee,
Kuchen, Schlagrahm und Kaffee
und am Schluss nach dem Dessert
einen Kirschlikör!

Mit dem runden, schweren Taler
brachte sie das ganze Mahl her!

Gib mir Geld, lieber Mann,
dass ich kochen kann,
sprach die Frau zum Mann,
wie stopf ich sonst die sieben kleinen Goschen?
Meine liebe Frau,
ich versteh genau,
sprach der Mann zur Frau
und gab ihr einen abgewetzten Groschen.

Und die Frau bringt auf den Tisch
Suppe, Vorgericht und Fisch,
weißen Wein und Kälberbraten,
Wild mit dreierlei Salaten,
dann Pasteten mit Haschee,
Kuchen, Schlagrahm und Kaffee
und am Schluss nach dem Dessert
einen Kirschlikör!

Mit dem abgewetzten Groschen
stopfte sie die sieben Goschen.

Gib mir Geld, lieber Mann,
dass ich kochen kann,
sprach die Frau zum Mann,
für zwölfe ist ein Pfennig bald zu Ende!
Meine liebe Frau,
ich versteh genau,
sprach der Mann zur Frau,
und gab ihr einen warmen Druck der Hände.

Und die Frau bringt auf den Tisch
Suppe, Vorgericht und Fisch,
weißen Wein und Kälberbraten,
Wild mit dreierlei Salaten,
dann Pasteten mit Haschee,
Kuchen, Schlagrahm und Kaffee
und am Schluss nach dem Dessert
einen Kirschlikör!

Dies beweist, dass – wenn man reg ist –
wo ein Wille, auch ein Weg ist.

Der Gast im Haus

(Nach einem afrikanischen Volkslied)

Am ersten Tag in deinem Haus
begrüßt du jubelnd deinen Gast.
Du brätst ihm Fisch, du braust ihm Bier,
du gibst ihm alles, was du hast.
Dongó balám godái!

Am zweiten Tage immer noch
gibst du ihm gern, was er so braucht:
ein bisschen Milch, ein Stückchen Brot,
auch etwas Tabak, falls er raucht.
Dongó balám godái!

Am dritten Tage wird dann schon
das Essen etwas kümmerlich.
Du gibst ihm eine Hand voll Reis –
was denkt der Mensch sich eigentlich?
Dongó balám godái!

Am vierten Tage schickst du ihn
zur Arbeit auf das Feld hinaus.
Am Abend – auf dein Bitten hin –
kehrt er den Platz vor deinem Haus.
Dongó balám godái!

Am fünften Tage ist dein Gast
so mager wie ein Heuschreck fast.
Du flüsterst deinem Weibe zu:
Bald weiß ich nicht mehr, was ich tu!
Dongó balám godái!

Am sechsten Tag versteckst du dich.
Er soll nur denken, du seist weg!
Und wenn du selber essen willst,
dann tust du's heimlich, im Versteck.
Dongó balám godái!

Am siebten Tag hast du genug!
Gast hin, Gast her, jetzt reicht es dir:
Du bist erbost mit Recht und Fug
und wirfst ihn einfach vor die Tür.
Dongó balám godái!

Der Ritter im Gewitter

Mitten im finsteren Mittelalter
und obendrein noch um Mitternacht
Mon dieu!
ritt durch den Urwald der Ritter Walter.
Der Blitz hat gezuckt und der Donner gekracht!
Parbleu!

Die Tiere in ihren Verstecken horchten
vor Schrecken geduckt auf die Wettergefahr.
Mon dieu!
Er aber hat sich kein bisschen geforchten,
obwohl seine Rüstung aus Eisen war.
Parbleu!

Er pfiff sich ein Liedchen und lächelte heiter.
Und warum war sein Mut wohl so heldenhaft?
Mon dieu!
Er trug auf dem Helm einen Blitzableiter,
und er vertraute der Wissenschaft.
Parbleu!

Der Helm

Soeben hab ich vernommen,
rattaplem, rattabum, rattaplem,
der Helm sei einfach eine Art Hut,
der stünde jedem Manne gut
und den man, hat man ihn erst mal bekommen,
zu tragen verpflichtet wäre.
Es sei eine Ehre.
Rattaplem!

Außerdem sei zu beachten,
rattaplem, rattabum, rattaplem,
dass er nur im Ernstfall ein Schutzhelm sei.
Da wäre weiter nichts dabei.
Im unernsten Fall sei er einfach als Teil
der Uniform zu betrachten.
Darauf soll man achten.
Rattaplem!

Nun gut, nur möchte ich fragen:
Rattaplem, rattabum, rattaplem.
Woher weiß ich, dass auch der Helm das weiß?
Ist im Ernstfall das Wetter kalt oder heiß?
Sehn Sie, drum möcht ich, um's ehrlich zu sagen,
lieber an unsichern Tagen
'nen Regenschirm tragen.
Plemplem!

Ein Tanzlied

Der Gárgant war gewaltig groß,
ein bergeschwerer Erdenkloß,
stets sanft und melancholisch.
Er war die Rücksicht in Person,
behutsam, ohne Aggression
und antialkoholisch.

Er saß herum die meiste Zeit,
tat keiner Fliege was zuleid,
nicht psychisch und nicht physisch.
Doch eines Tags geschah es, dass
er Branntwein soff ein ganzes Fass:
Er wurde dionysisch!

Er jubelte. Es ist erreicht!
Ich fühl mich endlich elfenleicht.
Ich glaub, ich könnte schweben!
Er sprang hauruck! er hüpfte hopp!
kosakisch, spanisch, im Galopp,
er ließ die Diele beben.

Und rums! und bums! ging was kaputt.
Schon sank das ganze Haus in Schutt.
Er stampfte unverdrossen
mit joi! olé! und hü! und hott!
die Zivilisation zu Schrott
und hat es wild genossen.

Am Ende gab die Erde nach,
und als er durch die Kruste brach,
ging jodelnd er zugrunde.
Doch richtet nicht und ruft nicht weh!
Kein andrer Gárgant hatte je
so eine große Stunde!

Eine unmoralische Moritat

Sie war zwar mit allen Wassern gewaschen,
doch war sie deswegen nicht rein.
Sie stahl ihren Freiern das Geld aus den Taschen
hallí und halló!
und legte die Richter herein.

Er war ein noch schlimmeres Kaliber
und mit allen Hunden gehetzt.
Er knackte Safes und spedierte Kassiber
hallí und halló!
und lachte immer zuletzt.

Doch eines Tages, da war es geschehen!
Das war, als die beiden sich sahn.
Sie mussten sich ihre Liebe gestehen
hallí und halló!
und sie logen sich gründlich an.

Er sagte, er wäre ein Kaufmann und ehrlich,
und wurde nicht rot dabei.
Sie machte ihm vor, dass sie unentbehrlich
hallí und halló!
als Sprechstundenhilfe sei.

Und meint ihr, solcherlei falsches Geständnis
kann nicht auf die Dauer bestehn?
Da irrt ihr euch, Freunde: Ein Missverständnis
hallí und halló!
liegt zugrunde den meisten Eh'n.

So haben sich beide aus zärtlichem Triebe
zu kreuzbraven Bürgern gemacht.
Draus könnt ihr erkennen: Die wirkliche Liebe
hallí und halló!
ist doch eine Himmelsmacht!

Anstatt ihre Übeltaten zu sühnen,
fuhr'n sie bald im Mercedes-Benz.
Sie bewohnten ganz friedlich ein Häuschen im Grünen
hallí und halló!
und ihr Sohn lernte Juris-Prudenz.

Sie starben dann beide sehr hoch in den Jahren
und noch immer recht glücklich getraut,
denn keiner der beiden hat jemals erfahren,
hallí und halló!
dass alles auf Sand gebaut.

Die Moral der Geschichte ist vielleicht keine,
doch ich bin zu behaupten bereit:
Und haben die Lügen auch kurze Beine,
hallí und halló!
sie laufen doch manchmal weit.

Die Ballade von Karl dem Großen und Pipin dem Kleinen

*(Melodie: »La Marche des Rois«
provençalische Volksweise)*

Die Schlacht ist aus,
die Ritter ziehn nach Haus,
und all die stolzen Recken
hatten blaue Flecken.
Ganz famos!
Der Sieg war riesengroß,
die Heidenhunde war man endlich los.
Und Karl der Große ritt vorne an.
Er trug die Krone,
und er war auch sonst nicht ohne,
war ein Mann,
wie man's wünschen kann,
und jeder sah ihn voll Bewund'rung an.

Das schepperte so silberhell,
als sie des Weges kamen.
Sie wollten alle möglichst schnell
zu ihren Herzensdamen.

In einem Wald
da rief der Kaiser: Halt!
Ich muss ganz schnell mich eben
mal hinwegbegeben.
Weilet hic
nur einen Augenblick,
ich bin im Handumdrehen schon zurück.
Er schlug sich seitwärts in ein Gebüsch
und tat beflissen,
was auch Kaiser manchmal müssen.

An sein Ohr
drang ein Nymphenchor.
Das kam dem Krieger sehr vergnüglich vor.

So schlich er weit vom Heere fort
und näher zu der Stelle.
Drei Grazien sah er baden dort
in einer Felsenquelle.

Er sprang sogleich
zu ihnen in den Teich.
Er merkte, dass die Damen
das nicht übel nahmen.
Au contraire!
Es freut' die Mädchen sehr.
Sie boten ihm sogar noch viel, viel mehr.
Und Kaiser Karl war in großer Form.
Er war ein Kerl, ein ganzer,
mit und ohne Panzer.
Wie verprellt
war dann unser Held:
Am Ende wollten die drei Damen Geld.

Ich zahle nicht, ich zahle nicht!
Lag ich euch auch im Schoße,
ihr tatet nichts als eure Pflicht;
denn ich bin Karl der Große!

Das ist nicht nett,
so sagte das Terzett,
deine Knausrigkeit nun
wird dir selber leid tun!
Lass dich fein
mit Hexen nicht mehr ein:
Von jetzt an wirst klein und winzig sein.
Sie reichten ihm
dann sein Kriegskostüm

und unter Lachen
seine andern Siebensachen.
Doch das Kleid
war ihm viel zu weit.
Er war ein Zwerglein nun für alle Zeit.

So rannte er zurück zum Heer
auf seinen kurzen Beinen.
Die Ritter nannten ihn nunmehr
betrübt Pipin den Kleinen.

So irrte er
für lange Zeit umher.
Er sprach mit Feen und Elfen.
Keine konnte helfen.
Schlimmes Los!
Er wurde nicht mehr groß.
Liebe Freunde, sagt, was macht man bloß?
Kein Adept hatte ein Rezept.
Da half nicht Rage
und auch keinerlei Massage.
So als Wicht
traute er sich nicht
seiner hehren Frau vors Angesicht.

Und was er tat und was er trieb,
das lehren die Annalen,
doch mancher der Geschichte schrieb,
weiß nichts von Pipins Qualen.

Endlich dann
ermannte sich der Mann,
er ritt zu seiner Feste,
wo die schönste, beste
Gattin schlief.
Der arme Kaiser rief:
Rette du mich, denn ich sank so tief!

Und als sie kam,
in den Arm ihn nahm,
fiel der Fluch des Bösen
ab wie nie gewesen,
und da stand er grandios und groß –
ach, das Glück der beiden, denkt euch bloß!

Ihr seht, was wahre Liebe kann,
sogar im schlimmsten Falle,
denn Karl der Große war als Mann
wie du und ich und alle.

Gawa Gawa Usedump

(Eine traurige Ballade in Kauderwelsch)

Gauschenlada strynd vertoigen,
Gunsd gewach ohs drise Kland.
Unzer afgewysen schloigen
dragomag verduse moigen,
alije Moff, chuntaro fant!

»Usedump«, Gewara sprante,
»Usedump njem drato falp!«
Jedorinzap eschwor glante
meredoll, fjer klam in Drante:
»Usedump – verteuf tsotalb.«

Under Kwaiden, uwy Kwaiden,
sundoch knylink Weretrau!
Gawa, Gawa, mistol schlaiden:
»Were tu, lalamis taiden?
Unlab Kwaiden normastau!«

Inzupf namaschwank gehorten
nemelau, affsjets gehals;
Veretonga schmatz un Storten,
niswitz, angesluk insporten:
Vals geneden – nemevals!

Gawa, Gawa, mistol schlaiden,
uffter Schjebol' tifel sgrab;
Oredrama wyrd gewaiden:
»Under Kwaiden, uwy Kwaiden,
Usedump gewadal Slap!«

Liebestraum

Ein Jüngling liegt in seinem Bett,
tralúra lúraléi,
und träumt, dass er sein Mädchen hätt',
tralúra lúraléi,
er träumt, sie läg in seinem Arm,
ihr Mund ist süß, ihr Leib ist warm.
Tralúra lúraléi.

Jedoch er selbst ist Traumfigur:
tralúra lúraléi.
Im Traum des Mädchens gibt's ihn nur.
Tralúra lúraléi.
Er träumt, sie träumt, er träume, wie
sie grade träumt, er träume sie.
Tralúra lúraléi.

Der Fall beginnt sich zu verwirrn,
tralúra lúraléi.
Die Logik runzelt streng die Stirn,
tralúra lúraléi.
Wir möchten gerne klar verstehn:
Wer von den beiden träumt hier wen?
Tralúra lúraléi.

Auch ist die Frage nicht mehr weit:
tralúra lúraléi,
sind beide Traum statt Wirklichkeit?
Tralúra lúraléi.
Gesetzt, daran sei etwas wahr:
Wer träumt dann unser Liebespaar?
Tralúra lúraléi.

Die Liebe hat – das sieht man nun –
tralúra lúraléi,
mit Logik wirklich nichts zu tun.
Tralúra lúraléi.
Drum lasst uns lieber leise gehn,
um nicht zu wecken – wer weiß wen?
Tralúra lúraléi.

Das ewige Heldenlied

Die Ritter zogen in schimmernder Wehr
nach Osten, das Kreuz auf den Fahnen.
Eine blutige Spur zog sich hinter dem Heer:
Sie zerhackten die Muselmanen.
Man stritt für das Gute, das ewige Heil
mit manchem gewaltigen Hiebe.
Den Heiden schlug man den Schädel entzwei,
so lernten sie Menschenliebe.
Und sind alle Bösen erst umgebracht,
steht die Welt wieder richtig im Rahmen.
Als Schlagetot hat man sich Ehre gemacht,
und vor allem gefiel es den Damen.

Denn ein Mann, ein Mann, der nicht töten kann,
der war eben damals kein richtiger Mann.

Und der Sheriff, der einsame, wortlose Held,
er fürchtet sich nicht vor dem Tode.
Er bringt sie in Ordnung, die feindliche Welt,
auf die alte probate Methode.
Denn die Bösen sind bös und gemein, aber wie!
Und sie wollen ganz einfach nicht hören.
So kämpft er für Freiheit und Demokratie,
indem er die umbringt, die stören.
Und noch immer gefällt er den Damen wohl,
denn ein Held kennt nicht Skrupel noch Zweifel,
er zieht einfach schneller sein Phallus-Symbol
und schickt alle Bösen zum Teufel.

Denn ein Mann, ein Mann, der nicht töten kann,
das ist halt noch immer kein richtiger Mann.

Ich habe im Science-Fiction-Roman
die gleiche Geschichte gelesen:

Der Käpten des Raumkreuzers Aldebaran
erschoss mit dem Laser ein Wesen.
Es hatte kein Hirn, keine Nerven, kein Blut,
darum war's für den Fortschritt nicht wichtig.
Das Monster war bös und der Käpten war gut,
und so war die Vernichtung wohl richtig.
Doch einmal sollte der alte Held
aus unseren Liedern verschwinden.
Ich hoffe, man wird in der künftigen Welt
vielleicht mal was Neues erfinden.

Und dann gilt der Mann, der nicht töten kann,
erst als richtiger Mann. Aber wann?
Aber wann?

Süße Person

Süße Person, komm geh mit mir spazieren!
Im Garten meiner Lügen blüht der Mohn.
Lass dich ein ganz klein bisschen nur verführen,
süße Person!
Ich bin ein Zauberer und guter Laune.
Ein Tischlein-deck-dich? Schau, da steht es schon!
Auf dem Fabrikschlot blas ich dir Posaune,
süße Person!

Ich werde eine Wanderdüne lenken
und geh mit ihr als Erster durch das Ziel.
Ich kann dir, wenn du willst, den Nordpol schenken
als Eis am Stiel.

Süße Person, hör zu: Ich bin ein König,
jedoch für dich entsagte ich dem Thron.
Rührt so was nicht dein Herz ein ganz klein wenig,
süße Person?

Süße Person, kann Kühnheit dich verführen?
Ich bringe dir den Mond als Luftballon.
Ich würde selbst den Weihnachtsmann rasieren,
süße Person.
Ich raube dir vom Himmel die Juwelen.
Ich breche ein bei Abendstern & Sohn.
Ich will dir vom Saturn die Ringe stehlen,
süße Person.

Soll ich Rodeo auf Kometen reiten?
Wir fahren auf dem Karussell der Welt
durch längst vergangne und zukünftige Zeiten,
wie dir's gefällt.

Süße Person, du meinst, das sind nur Lügen?
Weißt du's denn nicht? Auch du bist Illusion!
Ich hab dich mir erträumt – nur zum Vergnügen,
süße Person!

Die Ballade vom unnützen Leben des Jonathan Gilb

Schon als er auf die Welt gekommen war,
fand er, man hätt' ihn vorher müssen fragen,
denn diese Welt, das war ihm sonnenklar,
war nicht die beste, wie die Dinge lagen.
Mag sein, sprach Gilb, die Welt ist so gemacht,
doch kann mich das zu keinem Ja verleiten,
denn andernfalls verzicht ich unbedacht
auf wer-weiß-wie-viel andre Möglichkeiten.

Und ein Stein fällt zur Erde, und Feuer ist heiß,
und Wasser ist nass, und schwarz ist nicht weiß.
Na gut, aber …
Eine andere Welt kann ganz anders sein.
Ich sage nicht Ja und ich sage nicht Nein.
Vielleicht kommt was Besseres nach.
Das war es, was Jonathan sprach.
Die Stunden verfliegen, die Tage vergehn,
aber Jonathan Gilb wollte erst einmal sehn.
Er war nicht dafür, noch dagegen,
er vermied nur sich festzulegen.
Und die Stunden verfliegen, die Tage vergehn.
Wir werden schon sehn. Wir werden schon sehn.

Mit Staunen sah er, dass es Leute gibt,
die zueinander wahre Liebe hegen.
Herr Gilb hat nie gehasst und nie geliebt,
denn die Entscheidung schien ihm zu verwegen.
Mag sein, sprach Gilb, die Dame liebt mich echt,
doch kann mich das zu keinem Ja verleiten,
denn andernfalls verzicht ich recht und schlecht
auf wer-weiß-wie-viel andre Möglichkeiten.

Karola ist schön, eine Dame von Welt,
und Anna ist gut, und die Paula hat Geld.
Na gut, aber ...
Eine andere könnte ganz anders sein.
Ich sage nicht Ja und ich sage nicht Nein.
Vielleicht kommt was Besseres nach.
Das war es, was Jonathan sprach.
Und die Tage verstreichen, die Monate fliehn,
und Jonathan lebte einsam dahin.
Er war nicht dafür, noch dagegen,
er vermied nur sich festzulegen.
Und die Tage verstreichen, die Monate fliehn.
Das geht so dahin. Das geht so dahin.

Erklärlich war, wie's um Herrn Gilb so stand,
dass er mit sich nichts anzufangen wusste,
denn ein Beruf erfordert, wie er fand,
dass man so manches andre lassen musste.
Mag sein, sprach Gilb, dass ich dann etwas bin,
doch kann mich das zu keiner Wahl verleiten,
denn andernfalls, wo käme ich da hin
mit all den andern tausend Möglichkeiten.

Ein Zahnarzt zieht Zähne, ein Bäcker backt Brot
Soldaten gehorchen und schießen sich tot.
Na gut, aber ...
Ich könnte ja auch was ganz anderes sein,
drum sag ich nicht Ja und ich sage nicht Nein.
Vielleicht kommt was Besseres nach.
Das war es, was Jonathan sprach.
Und die Monate fliehen, die Jahre sind weit.
Irgendetwas zu sein, war Herr Gilb nicht bereit.
Er war nicht dafür, noch dagegen,
er vermied nur sich festzulegen.
Und die Monate fliehen, die Jahre sind weit.
Bald ist es vorüber. Jetzt wird's aber Zeit.

So stand Herr Gilb zuletzt vor Gottes Thron.
Gerichtet wurde nun sein leeres Leben.
Da sprach der Herr: Es tut mir leid, mein Sohn,
doch wo nichts ist, da kann ich nichts vergeben.
Entscheide selber, doch entscheide gut,
willst du gen Himmel oder Hölle schreiten?
Und Jonathan nahm ab vom Kopf den Hut
und sprach: Gibt's nur die beiden Möglichkeiten?

Die Hölle ist heiß, und der Himmel ist mild,
und die Engel sind fromm, und die Teufel sind wild.
Na gut, aber …
Woanders kann alles ganz anders sein,
drum sag ich nicht Ja und ich sage nicht Nein.
Vielleicht kommt was Besseres nach.
Das war es, was Jonathan sprach.
Und so steht er herum in der Ewigkeit,
und die Engel hängen ihr Reisekleid
an ihm auf und die Heiligenscheine,
denn er kommt mit sich niemals ins Reine.
Na, zu etwas dient jeder in Gottes Welt,
auch wenn man ihn oft für entbehrlich hält.

Die Ballade vom nächtlichen Regen

(Im Stil des 17. Jahrhunderts)

Ich hab meine Jugend verschlafen,
hab all meine Zeit vertan,
ich hab gewartet auf Was-weiß-ich,
doch lag mir viel daran.

Das Leben geht wie ein Geschwätz,
wie eine Nachtwach auf dem Feld.
Wo ist die Spur vom Tag zuvor,
wenn nachts der Regen fällt?

Ich hab die Menschen betrachtet,
was mancher sprach und trieb.
Ich hab gesucht Ich-weiß-nicht-wen,
hab keinen gewonnen lieb.

Wir sind wie Gras, das früh gemäht,
und wie ein Rauch im kalten Wind.
Wo ist die Spur vom Tag zuvor,
wenn nachts der Regen rinnt?

Ich hab die Bücher studieret,
nach Weisheit viel getracht'.
Ich wollte wissen Ich-weiß-nicht-was,
es hat mir nichts gebracht.

Die Sonne stieg – nun fällt sie schon,
und kehrt zurück an ihren Ort.
Wenn eine Nacht der Regen fällt,
sind alle Spuren fort.

Da sitz ich auf der Stelle,
wo ich am Anfang saß.
Mir ist nicht wohl, mir ist nicht weh,
mir ist Ich-weiß-nicht-was.

Da Salomo es zu End bedacht,
hat er den Leib gepflegt mit Wein.
Wir haschen Wind, und über Nacht
wird keine Spur mehr sein.

Trödelmarkt der Träume

Ich war heut auf dem Trödelmarkt der Träume
am Rand der Welt, da gab es allerhand:
Gestohl'nes, Weggeworf'nes und Kaputtes,
Traumzeug aus zweiter und aus dritter Hand.
Fliegende Teppiche voll Mottenlöcher,
zerbeulte Heiligenscheine, Stern und Zopf,
Luftschlösser ohne Schlüssel, rostzerfressen,
und Puppen, einst geliebt, jetzt ohne Kopf …

Und unter all dem Plunder hab ich plötzlich
auch unsrer Liebe schönen Traum gesehn.
Sein Gold war blind, er war zerbrochen, aber
er war es doch – und war noch immer schön.
Ich hätte ihn dir gern zurückgegeben
und hab den bleichen Kerl danach gefragt.
Er hat mich zahnlos angegrinst, gehustet,
und einen unverschämten Preis gesagt.

Zwar war er's wert – trotzdem hab ich gehandelt.
Der andre schwieg, doch wurde er nicht weich.
So konnte ich den Traum nicht wiederkaufen.
Mir geht's nicht gut. Ich bin nicht mehr so reich.
Eins hätt' ich gern gewusst, als ich am Ende
mit leeren Händen abgezogen bin:
War er verschenkt – gestohlen – weggeworfen?
Mein Schönes, sag – wie kam der Traum dorthin?

Was sollen wir tun?

Wie hat es nur angefangen?
Wir haben uns kaum gekannt.
Wir sind in die Falle gegangen
wie Kinder, Hand in Hand.
Wir stiegen bei günstigen Winden
ins Boot, das »Liebe« hieß.
Wir wollten zu zweit etwas finden,
ich glaube – das Paradies …

Das Schiff ist leider gestrandet,
ich kann dir nicht sagen, wieso.
Nun sind wir woanders gelandet,
der Teufel mag wissen, wo.
Nun sitzen wir Stunden um Stunden
und gehen mit uns ins Gericht.
Wir schlagen uns tödliche Wunden
und tun so, als fühlten wir's nicht.

Wir wollten uns Sonne geben
und stehen uns nur noch im Licht.
Wir können zusammen nicht leben,
doch ohne dich lebe ich nicht.
Wir können einander nicht retten,
denn wenn sich der eine nur rührt,
dann schmerzen den andern die Ketten:
Das Herz wird ihm abgeschnürt.

Ich möchte dich gerne beschützen
vor mir und dem Schmerz, der ich bin.
Ich möchte mich zu dir flüchten,
ich habe sonst niemand, wohin.
Ich möchte mich dir überlassen,
um einmal nur auszuruhn
von all diesem Lieben und Hassen –
sag mir, was sollen wir tun?
Mein Liebes, was sollen wir tun?

Erinnerung

So vieles ist uns misslungen,
was bald im Vergessen versinkt.
Was bleibt, sind Erinnerungen
an eine Saite, die klingt,
ehe die Saite zersprungen.

Wie anders hat vieles geklungen,
wenn man für Lebende singt.

Du, fröhliches Königskind,
bist tief in mein Herz gedrungen.
Dein Stern und das Meer und der Wind
halten den Tod umschlungen,
bleiben so schön wie sie sind.

Das Mädchen Einsamkeit

Du kamst mit mir herauf.
Ich öffnete dein Kleid.
Ich weiß nicht, wie du heißt.
Ich nenn dich »Einsamkeit«.
Nun liegst du da und frierst.
Ich streichle deine Haut.
Du sagst kein Wort, du weinst.
Der Morgen graut.

Zum Dschungel wird der Traum um diese Zeit.
Im Zimmer wuchern Farnkraut und Liane.
Seltsame Tiere schreien nah und weit,
und aus den Uhren kriechen Leguane.

Wir liegen eingerollt
und schlafen endlich ein:
Zwei Tiere wärmen sich
und sind erst recht allein.
Die Lust ist schnell verglüht.
Du nahmst sie ohne Wort.
Nun bin ich aufgewacht,
und du bist fort.

Du gingst so stumm, wie du gekommen bist.
Der Regen schüttelt draußen die Platane.
Ich kann nur warten – gleich, wie spät es ist.
Und aus den Uhren kriechen Leguane.

Im allzu dünnen Kleid
suchst du, was es nicht gibt.
Doch meine Einsamkeit
hat deine fast geliebt.

Im Zigarettenrauch
erscheint mir dein Gesicht.
Hätt'st du das Wort gesagt –
du sprachst es nicht.

Am Fenster wächst ein anderer Dschungel dicht
aus weißem Farn – Eisblumenfiligrane.
Du kommst nicht wieder – und ich warte nicht.
Und aus den Uhren kriechen Leguane.

Ballade von einem Prinzen aus dem Morgenland

In unserm Viertel in der Stadt
war einer, bucklig und gebückt,
so einer, der kein Alter hat,
und jeder hielt ihn für verrückt.
Er hatte alte Lumpen an,
die trug er wie ein wahrer Gent.
Er grüßte freundlich jedermann
und sprach mit nobelstem Akzent:
Das Heute ist nicht Wirklichkeit.
Wie ihr mich seht, seh ich nicht aus.
Ich leb in einer andern Zeit:
Im Morgen leb ich euch voraus.

Die Leute alle kannten ihn,
doch niemand hat ihn je erkannt.
Und nur die Kinder nannten ihn
den Prinzen aus dem Morgen-Land.

Er fürchtete nichts auf der Welt,
nicht Krankheit, Elend, Alter, Tod.
Er glaubte nicht einmal ans Geld,
selbst wenn ihm einer welches bot.
Von Küchenabfall lebte er
und schlief je nach Gelegenheit –
all das betraf ihn längst nicht mehr,
er war ja nicht in dieser Zeit.
Vielleicht war er als Einziger frei.
Der Menschen Kampf um Ruhm und Macht,
für ihn war all das längst vorbei,
er hat darüber nur gelacht.

Die Leute alle kannten ihn,
doch niemand hat ihn je erkannt.
Und nur die Kinder nannten ihn
den Prinzen aus dem Morgen-Land.

Man fand ihn in der Neujahrsnacht
erfroren auf der Bank im Park.
Man hat die Summe aufgebracht
und kaufte ihm den schönsten Sarg.
Viel Leute zogen still und stumm
beim letzten Weg dann hinterher.
Die meisten wussten nicht warum,
doch schien die Welt ein bisschen leer.
Erst als er nicht mehr war, vielleicht,
gewann er plötzlich Wirklichkeit.
Nun hatten sie ihn erst erreicht,
nun waren sie in seiner Zeit.

Denn alle Leute kannten ihn,
doch niemand hat ihn je erkannt.
Und nur die Kinder nannten ihn
den Prinzen aus dem Morgen-Land.

Die Narrenprozession

(Im Stil des 16. Jahrhunderts)

An einem schwarzen Morgen
sah ich ein' langen Zug,
das waren Hunderttausend schon
und war'n noch nit genug.
Auf einer dürren Heide
sie schritten dicht an dicht.
Ich konnte nit den Ersten sehn
und sah den Letzten nicht.
Ich sollt mit ihnen gehen,
so sie ermahnten mich.
Sie machten einen Schritt nach vorn
und zweie hinter sich.

Da sah ich einen ziehen
mit einer Kaiserkron,
und doch kroch er auf Krücken hin
in Lumpen und zum Hohn.
Da kam ein schönes Mädchen,
trug einen toten Schwan,
trug ihn auf beiden Händen so
und hatte gar nichts an.
Auch Kinder sah ich kommen,
die schleppten Brote mit,
doch keines aß, obgleich ich sah,
dass jedes Hunger litt.

Und Greise sah ich schwanken,
ein Scheffel überm Licht,
die sprachen: Alles wissen wir,
bloß ihr versteht es nicht.
Ich trat an ihre Reihen
und frug die Brüder mein:
Wo kommt ihr her? Wo zieht ihr hin?

Da tät ein jeder schrein:
Von da nach dort! der eine,
Von dort nach da! der Zweit',
und jeder, der im Zuge ging,
hatt' mit den andern Streit.

Und als ich das vernommen,
hub ich zu trauern an.
Ich setzte mich an Wegesrand,
Wollt nimmer mite gahn.
Da rief ein Narr: Freund Narre,
der dess' entraten willt,
du bleibst am End der größte Narr,
der andere Narren schilt!
Und als ich dies bedachte,
groß' Lachen mich beschlich.
Nun geh ich mit der Prozession,
eins vor, zwei hinter mich.

Die Dame mit der Marionette

Hör zu, kleine Puppe, ich will mit dir reden.
Ich habe sonst niemand als dich.
Da hängst du an all deinen feinen Fäden.
Wir gleichen uns, du und ich.
Doch du hängst nur an äußeren Fäden, Kleine,
die zerreißen beim kleinsten Stoß.
Aber Fäden, die man nicht sieht, so wie meine,
die wird man nicht so leicht los.

Kannst *du* deine Fäden selber zerschneiden?
Wer weiß, vielleicht tätest du's gern.
Ich kann es auch nicht. So geht es uns beiden:
Wir hängen an unseren »Herrn«.
Da, siehst du, sein Foto. Der Kerl lässt mich tanzen,
und ich springe und tu, was er will.
Ich hab oft so gründlich genug von dem Ganzen
und bin trotzdem gehorsam und still.

Ich hab keinen Stolz, kein Gewissen, kein Meinen
und kein bisschen Selbstachtung mehr.
Ist er *bei* mir, lässt er mich lachen und weinen,
ist er *fort* bin ich leblos und leer.
Ich habe mich ihm in die Hände gegeben.
Ich weiß nicht, warum und wozu.
Wir haben ein bisschen geliehenes Leben,
wir beide, ich und du.

Aber du hast es besser. Du bist zu beneiden:
Nur ein Spielzeug aus Holz und zum Spaß.
Du weißt nichts von Liebe, vom Unglück, vom Leiden.
Für ihn bin ich nicht einmal das.
Im Grunde bin ich ihm völlig schnuppe.
Warum *hält* er mich trotzdem? Warum?
Er findet doch leicht eine andere Puppe.
Aber mich bringt er nach und nach um.

Ich weiß nicht mehr weiter. Ich kann nichts mehr denken.
Und ich kann mich selbst nicht verstehn.
Ich häng nur noch lose in den Gelenken
und lasse alles geschehn.
Ich wehre mich nicht mehr. Und lässt er mich fallen,
dann klapp ich zusammen wie du.
Dann schmeißt man uns zu den anderen allen
in die Kiste und »Deckel zu!«.

Ich rede zu dir, als hättest du Seele
und Herz, und ich nenne dich du.
Und ich weiß doch, wenn ich dir alles erzähle,
es hört mir niemand zu.
Und doch – in gewissen Augenblicken,
wie machst du's? – da tröstest du mich.
Du seltsames kleines Ding aus Flicken,
mein anderes heimliches Ich.

Im Wagen, in dem wir beide wohnen,
da liegt noch beim Reisegepäck
ein ganzer Koffer voll Illusionen,
und so was wirft man nicht weg!
Die Reise geht weiter. Wir bleiben nicht stehen.
Vielleicht wird doch alles noch gut.
Und kann man das Ende der Straße nicht sehen,
dann verliert man noch lang nicht den Mut.

Kleine Puppe, rede ich wirklich ins Leere,
oder kannst du am Ende verstehn?
Jetzt frag ich mich, was ich ohne dich wäre?
Und wer von uns beiden führt wen?
Wer von uns beiden führt wen?

Der Traum vom Fliegen

… und wenn du es wieder mal müde bist,
wie eng und begrenzt dein Leben ist,
und die ganze Erde erscheint dir fast
umsponnen von einem grauen Netz,
in dem du dich hilflos verfangen hast,
ein Netz aus Gewohnheit, Gewalt und Gesetz,
ein Netz aus Grenzen von Staat zu Staat,
Grenzen aus Dummheit und Stacheldraht,
Grenzen des Geldes, begrenzte Zeit
und die Grenzen der eigenen Fähigkeit …
… und wenn du dich wieder mal wund gestoßen
an den Gitterstäben, den kleinen und großen,
und du weißt genau: Du kommst nie mehr vom Flecke,
du bleibst gefangen im engen Raum,
dann hockst du dich nieder in deiner Ecke
und träumst den alten Traum:

Da breitest du weit deine Arme aus
und ein tiefer Atemzug!
Du schwingst dich empor über Straße und Haus
im traumhaften Vogelflug.
Du fliegst und du fliegst und du brauchst kein Ziel,
das Dasein selbst ist Glück!
Keine Grenze dort unten bekümmert dich viel,
du möchtest nie zurück.

Es ist alles so einfach. Du wunderst dich kaum.
Und du weißt in dem Traum: Es ist kein Traum!

Und du fragst dich, warum man es je vergisst,
warum man nicht glaubt daran,
dass man immer so frei wie ein Vogel ist
und in Wahrheit fliegen kann.

Das Lied vom Glück

(Mit Shakuhachi zu begleiten)

Einmal noch
tat sich das Auge des Traumes auf,
und ich sah
den Liebestanz der Kraniche
und lauschte
nur eine winzige Ewigkeit
ihrem Lied.

Aber mein Herz
aus hartem Rosenquarz,
ach, nun ist es mit leisem,
tödlichem Klang
mitten entzweigesprungen.

Phantásisches Reiselied

Tagaus, nachtein
in meiner Sänfte aus bröckelndem Stein
tragen mich Bettelmönche dahin
unterm zerlumpten Baldachin.
Tagaus, nachtein
auf schwankenden Straßen aus Traum und Schein,
durch Nebelschwaden, Regen und Wind
mit tastendem Schritt, ihre Augen sind blind.

Jahrlang verdämmert das Licht.
Näher kommt schon die Dunkelheit.
Wohin sie auch finden, die Reise ist weit,
einzig in meine Heimat finden sie nicht.

Tagein, nachtaus
durchsuchen Soldaten mein leeres Haus.
Sie gehen in meinen Wäldern auf Jagd.
Einhörner schießen sie, ehe es tagt.
Tagein, nachtaus
mit dem Gefieder des goldenen Pfaus,
mit meiner Krone als Beutestück,
todmüde kehren sie wieder zurück.

Sie haben die Traumstadt verbrannt.
Was sie erbeuten, zerfällt im Licht.
Mich ganz alleine, mich finden sie nicht,
finden mich niemals in meinem Heimatland.

Das Schiff der Richter

Nebel liegt über dem Meere.
Nachtschwarz Planke und Tau.
Schiebt eine seufzende Fähre
schwer sich heran aus dem Grau.

Siehst du den Steuermann oben?
Schatten ins Mondlicht gereckt.
Glühende Heizer mit groben
Knochen im Dunkel versteckt.

Wer kommt auf dem Schiff denn gefahren?
Zehn mit vermummtem Gesicht,
Riesen in schwarzen Talaren,
schweigen und regen sich nicht.

Richter in rauschenden Roben,
Seide, Eisen und Eis.
Hat sich ein Vogel erhoben,
umkreist sie heiseren Schreis.

Schält sich aus kostbaren Stoffen
bleich eine Hand, die zeigt.
Schon liegt der Vogel getroffen
blutig an Deck und schweigt.

Windstille über dem Meere.
Wohin bringt das Schiff seine Fracht?
Schweigen. Die seufzende Fähre
entschwindet in Nebel und Nacht.

Die Ballade von der nagelneuen Welt

Einst plante ein Völkerbefreier
den Bau einer neuen Welt,
dazu hat er alle Menschen
als Zwangsarbeiter bestellt.

Und wenn irgendwer nicht so wollte wie er,
den warf er zum Fraße vor Löwe und Bär.
Und Männer, Frauen, Greise und Kinder,
im Rücken die Schwerter gepanzerter Schinder,

bauten schwitzend die neue Welt.

Eine Kugel, so groß wie die Erde,
war des Werkes gewaltiger Zweck,
drauf verpflanzten sie Bäume und Berge,
jede Stadt, jedes Dorf, jeden Fleck.

Und die Menschen siedelten selber um
auf den neuen Globus – ihr wisst schon, warum:
Woraus man die neue Welt da erbaute,
(was sich keiner freilich zu sagen getraute)

nahm man nur von der alten weg.

Die neue Welt war nun fertig,
doch die alte, die steckte darin.
Für die Leute blieb alles wie vorher,
da wurden sie zornig im Sinn.

Sie stürzten den Retter und henkten ihn dann,
und ein neuer Befreier führte sie an
mit Gewalt auf den alten, den blutigen Wegen
einer glorreichen, blitzneuen Welt entgegen –

ich kann euch nicht sagen, wohin.

Die Ballade von den Blinden, die Blinde führen

(Im Stil des 17. Jahrhunderts)

Was ist das für ein Haus, mein Kind,
das Türen hat, doch Fenster nicht?
Die darin wohnten, waren blind
und sahen nie das Licht.
Einst huben sie zu streiten an:
Die Welt wär tausend Morgen groß.
Die andern sagten: Nach der Schrift
hat sie sechs Tagwerk bloß.

Die Blinden lehrten Blinde.
Sie wussten tausend Gründe,
nur war kein Einz'ger wahr.
Der Schlaueste von allen
ließ seine Stimm' erschallen:
Folgt mir! Ich zeig's euch klar.

Wer hat Erbarmen
mit den Armen?

Was läuft dort über's Feld, mein Kind?
Das müssen wohl die Blinden sein.
Der eine folgt dem andern g'schwind
und hängt sich an ihm ein.
So folgt der ganze Haufe dann
in schnellem Schritt. Sie stolpern kaum.
Es führt sie ja ein kluger Mann,
dem wollen sie vertraun.

Dem Blinden folgen Blinde
durch Schnee und Regenwinde
bis zu der tiefen Schlucht.
Dort sind sie all verschwunden,
ward keiner mehr gefunden,
so viel man auch gesucht.

Gott, hab Erbarmen
mit den Armen!

Und was sind das für Leut, mein Kind,
die wissen viel und forschen frei.
Sie führn uns aus der Nacht zum Licht,
die Welt geht drauf dabei.
Ihr weisen Herrn im weißen Kleid,
und könnt ihr nicht den Abgrund sehn?
Kehrt um, ich bitt euch! Noch ist Zeit.
Nach Hause lasst uns gehn!

Die Blinden führen Blinde.
Sie scheuen keine Sünde
an Mensch und Gottes Welt.
Jedoch noch diese Stunde
gehn wir und sie zugrunde:
Die Grube ist bestellt!

Wer hat Erbarmen
mit uns Armen?

Der Song von der goldenen Wolke

Er war jung und heiß und ein armer Hund
und entschlossen sein Leben zu leben.
Er war zornig, denn ihm und allen wie er
wurde nie eine Chance gegeben.
Und sah er die glänzenden Wagen an
und die Damen in Abendroben,
dann sagte er laut: Es kommt noch der Tag,
da bin auch ich ganz oben!
Und die Freunde grinsten und lachten ihn aus:
Du wirst auf die Schnauze fallen,
denn wer arm ist, bleibt arm, und wer reich ist, bleibt reich.
Er sagte: Ich zeige es euch allen!

Eine goldene Wolke schwebt droben im Licht.
Ihr Schatten nur macht es so schattig hier.
Doch wer eine lange Leiter hat,
der steigt hinauf zu ihr!

Und die erste Sprosse, auf die er trat,
war ein Freund, von dem er was wusste.
Und als der Freund aus dem Kittchen kam,
da saß er auf dessen Posten.
Und die zweite Sprosse war eine Frau,
die Liebe zu ihm hegte.
Er nahm ihr Vermögen und zeigte ihr noch,
wie man sicher ins Gas sich legte.
Und die zehnte Sprosse: ein Totenschiff,
dessen Rost er übermalte.
Das Schiff ging unter mit vierzehn Mann,
doch die Versicherung zahlte.

Eine goldene Wolke schwebt droben im Licht.
Ihr Schatten nur macht es so schattig hier.
Doch wer eine lange Leiter hat,
der steigt hinauf zu ihr!

Und die hundertste Sprosse war dann schon
die Ernte von tausend Bauern.
Die Orangen wurden ins Meer gekarrt,
doch ihr Land war danach nicht mehr teuer.
Er lieferte Waffen in manches Land,
wo Schwarze auf Schwarze schossen.
Persönlich hat er die Toten beklagt –
das waren gleich mehrere Sprossen.
Nun ging es im Eiltempo aufwärts mit ihm,
ihm selbst wurde schwindlig, so schnelle!
Von da an blickte er nicht mehr zurück,
er blickte hinauf nur ins Helle:

Eine goldene Wolke schwebt droben im Licht.
Ihr Schatten nur macht es so schattig hier.
Doch wer eine lange Leiter hat,
der steigt hinauf zu ihr!

So stieg er Sprosse um Sprosse empor –
und bei jeder fiel es ihm leichter.
Er erkannte sich selber im Spiegel nicht mehr,
als er endlich sein Ziel erreichte.
Da saß er zuletzt im goldenen Licht,
sehr hoch über allem Volke,
und sein Schatten fiel dunkel auf Stadt und Land
zusammen mit dem der Wolke.
Dort, wo er nun war, war es weiß und leer
und kalt wie im hohen Norden.
Er fühlte es nicht, denn er fror nicht mehr.
Er war selber eiskalt geworden.

Eine goldene Wolke schwebt droben im Licht.
Ihr Schatten nur macht es so schattig hier.
Doch wer eine lange Leiter hat,
der steigt hinauf zu ihr!

Der verwunschene Garten

(Zur Laute im Stil der Madonnenlieder)

Im Herzen jedes Menschenfeinds
liegt ein verwunschener Garten,
dort sitzt seine Jungfrau Seele allein
und hört nicht auf zu warten.

Den Garten hinter Stacheldraht
bewacht er täglich schärfer,
und kommst du seinem Zaun zu nah,
schießt er mit Flammenwerfern.

Und hörst du, wie die Seele weint
in seinem lauten Lachen?
Sie will, dass ihr ein Wunder erscheint,
drunter will sie's nicht machen.

Bis sie verfaulet und zerfällt
in ihrem eigenen Gefängnis,
wartet sie auf den Trost der Welt
und die Unbefleckte Empfängnis.

Don Juans Abschiedslied

Zerstampftes Gras. Wein- oder blutbefleckte Linnen.
Des alten Brunnens schwarzer Spiegel friert schon fast.
Nur ein paar Flammenhände winken Lebewohl noch
der Nacht, die sich davonstahl wie der letzte Gast.
Als kühler Frühwind streicht mein Blut durch wüste Zimmer
des Leibes hier, nichts als ein flüchtiger Besuch,
blättert gedankenlos die Seiten hin und wider
in meines Lebens, meines Hirns verbranntem Buch.

Mein Herz, vor Leere leicht, nichts als ein großes Lachen,
gemalt auf einen bunten Jahrmarktsluftballon,
da ich es einmal losließ, ist es mir entflogen.
Ob es noch fliegt? Ist es schon tot? Wer weiß das schon!
Ich will nun gehen. Mich erwartet die Geliebte,
die meine letzte ist und meine erste war,
die ewig unerreichte, Gottes süße Mutter,
das Nichts, in Ungeduld und aufgelöstem Haar.

Groß und mit Sorgfalt schreib ich hier ins schwarze Wasser
verlorne Botschaft, meines Lebens Reim und Rest:
Des Mondes blau und violette Farben waren
das einzig Schöne auf dem langen, düstern Fest,
das ihr mein Leben nanntet. Darum sagt es allen,
die ich mir nahm und die ich dennoch nie besaß:
Ich geh so unberührt, wie ich geboren wurde.
Vergesst mich nun, weil ich euch alle längst vergaß.

Das Lied der »Schlangenbeschwörerin«

Schlange, riesenhaftes Auge,
regungslos mir zugewendet:
Wenn ich dir zum Opfer tauge,
nimm mich, dass mein Elend endet!
Unerträglich ist die Leere,
ist der Preis, den wir bezahlen.
Stich mich, Schlange! Ich begehre
deinen Trost für meine Qualen.

Ach, Fallada, Fallada, da du hangest!
Ich weiß, dass es Lüge ist.
So lehrt mich ein andres Lied zu singen!
Ach, Jungfer Königin, die du gangest,
wenn das deine Mutter wüsst,
das Herz im Leib tät ihr zerspringen.

Lust an meinem Untergange,
Fieberqual durchwühlt die Glieder.
Lautlos schrei ich: Schlange! Schlange!
Da! Der grüne Blitz zuckt nieder.
Wütend in mein Herz verbissen,
ist ihr Gift in mich geronnen,
und ich stürze hingerissen
in ein Weltall voller Sonnen.

Ach, Fallada, Fallada, da du hangest!
Ich weiß, dass es Lüge ist.
So lehrt mich ein anderes Lied zu singen!
Ach, Jungfer Königin, die du gangest,
wenn das deine Mutter wüsst,
das Herz im Leib tät ihr zerspringen.

Diesen Körper, diese Glieder,
ausgespien wie Gewölle,
stürz ich durch die Leere wieder
zähneklappernd in die Hölle.
Helft mir doch mich loszusagen!
Ich will schwören und versprechen
diese Schlange zu erschlagen.
Niemals mehr soll sie mich stechen!

Ach, Fallada, Fallada, da du hangest!
Ich weiß, dass es Lüge ist.
So lehrt mich ein anderes Lied zu singen!
Ach, Jungfer Königin, die du gangest,
wenn das deine Mutter wüsst,
das Herz im Leib tät ihr zerspringen.

Der letzte Hochzeitsgast

Das Fest ist schon vorüber.
Saturn löscht alle Lichter aus.
Kalt wird's im Saal und trüber.
Die Gäste gehn nach Haus.

Dein Auge, blind vor Schwere,
erblickt nur noch den schalen Rest.
Du fragst – und fragst ins Leere:
Wann war es denn, das Fest?

Du hast zu rasch getrunken,
bist in des Lebens Hochzeitsnacht
am Tisch in Schlaf gesunken
und spät, zu spät erwacht.

Das Lied vom Stillschweigen

Warum ist es heute so stille,
so stille in unserer Stadt?
Weil ein Mächtiger dieser Erde
eine Rede gehalten hat.

Woher kommen die vielen Soldaten,
die Soldaten in unserer Stadt?
Ein General hat es so befohlen,
weil man's ihm befohlen hat.

Woher kommen die vielen Flieger,
die Flieger über der Stadt?
Es gibt nicht Verlierer, noch Sieger
in dem Krieg, der begonnen hat.

Am Ende herrscht wiederum Stille,
da hört man kein fallendes Blatt
auf dem Felde, wo einmal früher
eine Stadt gestanden hat.

Warum war es nur so stille,
so stille in unserer Stadt,
als der Mächtige dieser Erde
seine Rede gehalten hat?

Das Lied von der kommenden Eiszeit

Die Kälte wächst. Die Frierenden bedecken
sich mit der Borke von gefällten Bäumen.
Die Menschen flüchten wie in schwarzen Träumen,
sich vor den eignen Schatten zu verstecken.

Vergiftet sind die Nebel an den Tagen.
In Häusern, die im grauen Nirgends schweben,
verwarfen wir die Zeit, die wir noch leben,
beim letzten Feuer aus den letzten Schragen.

Die Uhren stehn schon längst seit jener Stunde,
da unsre Hirne unser Herz verrieten.
Wachsbleiche Mönche, hagre Neophyten,
liegen wir nachts mit Litanein im Munde.

Wir suchen nach dem Ausgang aus den Mauern
der Labyrinthe, drin wir uns verfingen.
Stählerne Geier klirren mit den Schwingen.
Wir schufen sie, dass sie uns überdauern.

Hochhäuser brechen unterm Eis zusammen.
Der Gletscher frisst die Meiler und die Mienen.
Einst schufen wir Gesetze, uns zu dienen,
und sind nun Richter, die sich selbst verdammen.

Totentanz

Der Tod ist kein Reiter auf schwarzem Pferd
und nicht mehr das alte Gerippe.
Er braucht keine Geißel, er schwingt kein Schwert,
er trägt nicht Kapuze, noch Hippe.

Der Tod fährt im Auto bei leiser Musik,
wenn draußen die Nebel brauen.
Er blickt auf die Uhr und lehnt sich zurück:
Er kann seinem Zeitplan vertrauen.

Der Tod reist heute im Düsenjet
mit Komfort über arktische Zonen.
Er schlürft Champagner und lächelt nett
bei den Schwimmwestendemonstrationen.

Der Tod liegt als Glocke über der Stadt
aus Smog und giftigen Gasen.
Du siehst an den Bäumen kein grünes Blatt,
und die Blume vergilbt auf dem Rasen.

Der Tod gibt sich gerne für fortschrittlich aus:
Wenn wir glauben, es ginge uns besser,
kocht er im Labor seine Süppchen aus
und schüttet sie in die Gewässer.

Der Tod spielt mit uns heute »Kopf oder Zahl«
um die Erde, auf der wir wohnen.
Beim Billard ist er ein Meister zumal:
Als Kugeln benützt er Neutronen.

Der Tod reitet auf einem Laserstrahl,
seine Viren gedeihn in Retorten.
Er hat ein Raketenarsenal
und regiert aus verborgenen Orten.

Wohin wir auch rennen, der Tod ist schon da,
wie die Igel den Hasen jagen.
Und wer's noch nicht hörte, und wer's noch nicht sah:
Die Fische können's ihm sagen.

Wir selber gaben ihm solche Gewalt
wie niemals zuvor auf Erden.
Gott, lehre es uns bedenken und bald,
auf dass wir weise werden.

Ballade vom Heldentod eines deutschen Offiziers

In Garmisch, meinem Heimatort,
im achtunddreißiger Jahr,
lebte in unserem Nachbarhaus dort
ein älteres Ehepaar.

Er sprach von »Frau Hauptmann« und sie von »mein Gatte«.
Sie stritten sich viel, die zwei.
Er bekam Offizierspension und sie hatte
eine kleine Leihbücherei.

Doch Bücher zu leihn hat fast niemand gewagt,
ihr Lädchen blieb meistens leer.
»Die Leute«, sprach sie, »Gott sei's geklagt,
lesen keine Bücher mehr.«

Beim Spazierengehn fiel er bisweilen um,
dann schlug er um sich und schrie.
Von Verdun hatte er einen Kopfschuss, darum
litt er an Epilepsie.

Beim Bäcker, wo er täglich die Semmeln gekauft,
hieß es plötzlich: »Für Sie sind sie aus.«
Er war auf den Vornamen Fritz getauft,
aber Hedy war aus jüdischem Haus.

Dann war es eines Tages so weit:
Fünf Männer, die taten ganz fremd,
sie ließen ihr nicht mal Zeit für ihr Kleid
und führten sie fort im Hemd.

Die Leute lachten und kamen gerannt:
In einem Käfig stand sie zur Schau.
Daran hing ein Schild und darauf stand:
»Ich bin eine Judensau!«

Fritz wusste erst nicht, was tun, aber dann
kam er plötzlich in Fahrt.
Er zog sich seine Uniform an,
die hatte er aufbewahrt.

Er hängte sich alle Orden um.
Sein Gesicht, das war feldgrau.
Er marschierte zum Käfig und stellte sich stumm
vor seine liebe Frau.

So stand er in seinem Paraderock,
den Säbel in Habtacht.
Es begann zu schneien in dichtem Geflock,
Fritz hielt die Ehrenwacht.

Sie sprachen nicht miteinander, die zwei.
Er stand einen Tag, eine Nacht.
Die Leute drückten sich scheu vorbei
und haben nicht mehr gelacht.

Den Herrenmenschen ging allgemach
die Sache dann doch zu weit.
Ein SA-Mann trat zu Fritz und sprach:
»Du entehrst dieses Ehrenkleid!«

Doch Fritz fuhr fort gradeaus zu schaun,
und schenkte ihm keinen Blick.
Da haben sie ihn auf den Kopf gehaun
mit einem Eisenstück.

Er fiel zu Boden ohne ein Wort.
So lag er im Schnee noch lange,
und viele Leute sahen ihn dort
samt Orden und Ehrenspange.

Sie schwiegen und schauten woanders hin,
wollten niemand loben noch schelten.
Allein saß Hedy im Käfig drin,
in einer großen Kälten.

Es heißt, dass sie nichts mehr verstanden hat,
denn sie war da schon geistig verstört.
Ich hörte, sie kam nach Theresienstadt.
Sonst hab ich nichts mehr gehört.

Der Inquisitor

Die lichtlosen Kerker stehn lange schon offen.
Auch ich starb, ich weiß nicht vor wie vielen Jahren.
Von allen, die einst meine Opfer waren,
hab ich hier keinen getroffen.

Ich irre noch immer durch neblige Hallen,
dort sah ich viel menschliches Elend verbluten.
Einst brannte ich Ketzer im Namen des Guten.
Gott ist mir zu Asche zerfallen.

Ihr Maden, Würmer, Asseln und Schlangen,
ihr Larven mit gläsernen Fühlern und Bärten,
im eisigen Dunkel die letzten Gefährten –
seid ihr auch von mir gegangen?

Und immerfort seh ich den Popanz, den Richter,
der hockt auf dem Thron aus rotem Holze,
doch all seine Fratzen, grausame, stolze,
sind nur meine eignen Gesichter.

Ich kann ohne Feuer nie mehr erwarmen …
Da sitz ich im Finstern in eisigen Winden
und suche und kann es in mir nicht finden,
das kleinste bisschen Erbarmen.

Was vordem die Welt war, das ist nun mein Innen,
und falt ich die Hände, verdorrt und vermodert,
bin *ich* mein Opfer: Der Holzstoß lodert!
Wie kann ich mir selber entrinnen?

Medea U.S.A.

[St. Luis Post] (eig. Bericht) In der Nacht vom 13. auf den 14. Mai 1873 ermordete Rosalind Clark auf grausamste Weise ihren Mann, ihr Kind und sich selbst. R. Clark war amerikanische Staatsbürgerin indianischer Abstammung. Die Motive ihrer Tat sind unbekannt.

Es gab eine Zeit, da war alles noch gut.
Wir spielten am Golden Hill.
Meine Mutter nannte mich »Regenflut«.
Jetzt bin ich die Letzte von unserem Blut,
unser Stamm starb in diesem April.
Einmal kam zu uns ein weißer Mann
ins Dorf, der war tapfer und stark.
Nachts ging ich zu ihm und er nahm mich an,
und er nahm mich mit sich in die Städte dann,
und sie nannten mich Rosalind Clark.

Du warst der Mann – doch bist du noch mein Mann?
Sie kamen im April. Der Mond war rot.
Soldaten kamen, und die Schlacht begann.
Sogar die Kinder sind nun alle tot.

Du hast in der Nacht, als die Eule schrie,
neben mir leise gestöhnt,
da war mir, als könnte ich hören, wie
von weit, weit her über die Prärie
die Regentrommel dröhnt:

Blühende Wolken am Himmel,
zieht nicht vorüber!
Kommt! Kommt zu mir!

*

Ich möchte fort, doch ich find nicht hinaus,
denn ich liebe dich und das Kind.
Großes Dunkel wird kommen, ich fühl es voraus.

Verzeih mir, mein Liebster, es ruft mich nach Haus,
weil der Regen, der Regen rinnt …
Du hast es mir nicht gesagt, was ihr tut,
doch ich träume es jede Nacht:
Die Zelte brennen. Der Fluss ist aus Blut.
Die blauen Soldaten besorgten zu gut
am Golden Hill die Schlacht.

Du bist nicht schuld – und doch ein weißer Mann.
Mein Herz ist krank und wird nicht mehr gesund.
Der Mond war voll, als jene Schlacht begann.
Mein Kind ist deins. Der Mond ist wieder rund.

Ich werd es für dich, für uns alle tun.
Du schläfst mit offenem Mund.
Glaubst du, ich darf dann auch endlich ruhn?
Sag, Liebster, glaubst du, ich werde nun
bald von den Träumen gesund?

Dunkle Wolken am Himmel!
Zieht nicht vorüber!
Kommt! Kommt zu mir!
*
Ihr habt mich getauft. Jetzt bin ich wie ihr.
So habt ihr damals gesagt.
Ich glaubte euch alles. Ich glaubte dir.
Bist du wie die andern? Schnell, sage es mir!
Sag es mir, ehe es tagt!
Weil du es so wolltest, verehrte ich sehr
am Kreuz den weißen Mann.
Er kann mir nicht helfen. Es ist ihm zu schwer.
Er schweigt, er schweigt, wenn ich frage, ob er
auch Regen machen kann.

Der Mond war rot. Die Kinder schliefen still.
Als die Soldaten kamen, war es Nacht.

Nun schlafen alle unterm Golden Hill,
zu Ende ist die letzte, große Schlacht.

Weit fort ist ein Land, das nun uns gehört,
wo nachts tausend Sterne sind,
wo man fernher die Regentrommel hört
und niemand das große Schweigen stört
als der Wind aus den Bergen, der Wind …

Schwarze Wolken am Himmel!
Zieht nicht vorüber!
Kommt! Kommt zu mir!

Brief an mein Herz im Exil

Ich weiß, ich hätte zu dir halten müssen,
als sie gekommen sind dich umzubringen.
Ich weiß, ich hätte dich nicht verleugnen dürfen,
und wenn es auch mein Leben gekostet hätte.

Damals verbargst du dich. Und ich, ich wusste
nicht für wie lang. Du bist weit fort geflohen.
Wohin? Du hast mir nie ein Zeichen gegeben.
Was soll ich denn nun ohne dich beginnen?

Ich habe keine Freude, keinen Kummer.
Ich weiß nicht, ob es Frühling oder Herbst ist.
Ich kenne Tag und Nacht an Licht und Dunkel,
aber wem gilt es noch, da du so fern bist.

Das Haus, in dem wir wohnten, steht verlassen.
Das Dach zerfällt, die Fenster sind zerbrochen.
Im finstern Keller nisten Rattenscharen.
Der Garten ist verwildert, die Pfade verkommen.

Die Vögel sind seit Langem fortgeflogen.
Das Einhorn lässt sich lang schon nicht mehr blicken.
Es ist sehr still geworden und sehr einsam,
seit damals, als sie kamen dich zu suchen.

Ich werde heute Nacht ans Ufer gehen.
In einer Flasche will ich diesen Zettel
dem Flüsschen übergeben. Seine Wellen
werden die Botschaft, hoff ich, mit sich nehmen.

Vielleicht dass du, einmal, zu später Stunde,
die Bitte aufliest und mir Antwort sendest.
Dass ich dem dürren Apfelbaum im Garten
zuflüstern kann, er dürfe wieder blühen …

Traumlied

In einem dunklen Lande
aus Asche, Rost und schwarzem Sand,
da steht am toten Strande
ein Baum, verkohlt und abgebrannt.
Sasawadú! Sasawadú!
Das war mein Vaterland.

Und in den schwarzen Zweigen
ein Vogel, schön wie Sternenlicht,
er sitzt in tiefem Schweigen.
Ich ruf ihn voller Zuversicht:
Sasawadú! Sasawadú!
Er achtet meiner nicht.

Ich weiß, ich kann nicht leben,
wenn er nicht kommt auf meine Hand,
sein Singen anzuheben –
so sterbe ich im dunklen Land.
Sasawadú! Sasawadú!
Verdurstet und verbrannt.

Die Nächte meines Lebens
steh ich seither vor jenem Baum.
Mein Rufen ist vergebens,
der schöne Vogel hört mich kaum:
Sasawadú! Sasawadú!
Das ist ein schwerer Traum.

Die Traumfischer

Denk dir: Auf riesenhaften dunklen Schiffen
segeln sie auf das Meer des Schlafs hinaus
bis zu den heimlichen Korallenriffen,
dort werfen sie die langen Netze aus.

Sehr ernste stille Leute sind die Fischer.
Ihr Kapitän ist alt – viel älter noch,
als du dir denken kannst und wunderlicher,
auch ist er blind – und jeder folgt ihm doch!

Er kennt des Schlaf-Meers träumereichste Plätze.
Die Fischer warten, bis er ruft: »Holt ein!«
Dann ziehen sie an Bord die schweren Netze,
gefüllt mit tausend Träumen, groß und klein.

Da blinkt's und zappelt's bunt und vielgestaltig,
auch manches Gräuliche erspäht der Blick.
Gleichmütig lädt die Mannschaft und gewaltig,
nur was zu klein ist, werfen sie zurück.

Die voll beladenen Schiffe endlich laufen
im Hafen ein mit Segeln weiß und schön,
auf einem Markt den Fang nun zu verkaufen.
Dort hab ich alle Träume heut gesehn.

Den allerschönsten – sei er dir gedeihlich! –
hab ich für dich, mein Liebling, mitgebracht.
Hier, nimm! Du kannst ihn jetzt nicht sehen, freilich,
doch warte nur erst, wenn du schläfst heut Nacht!

Poeten-Vögel

Seltsame Vögel sind die Poeten,
wenn sie des Abends als Amseln verkleidet
in den Weinberg einfallen
und heimlich und, wie sie glauben, unerkannt
stehlen.

Und der Winzer?

Glaubt nur nicht, dass er euch nicht bemerkt!
Er bemerkt euch und lässt euch plündern.
Ich glaube, dass er sogar lächelt
über eure Gier und euern Neid
und wie ihr euch vollfresst
an den grünen
und an den dunklen
Trauben.

Denn er
kennt seine Ernte und weiß,
was ihr
Abend für Abend von Neuem lernen müsst:
auf welchem Weinstock sie wächst!

Und, glaubt nur, der Winzer hat einen jeden erkannt,
trotz seiner Verkleidung.
Und wenn ihr zurückgekehrt seid,
ihr seltsamen Vögel,
und euer Inkognito ablegt
und wieder, ein jeder allein
in euren billigen Zimmern steht,
seht ihr wohl, dann beginnt das Elend:

Ihr habt einen grausamen Rausch,
ihr legt das Gesicht auf die Arme
und die lange Nacht, die jetzt kommt,
ist euch gar nicht gut.

Und der Winzer?

Der hört eurem Jammer zu,
als ob ihr noch Vögel wärt, die singen.
Er nimmt euch eben beim Wort.
Und, wie gesagt, ich glaube,
er lächelt.

Kleiner Spuk

Auf dem Speicher nächtens leise
aus der Stille schwebt ein Ton,
spielt die spinnwebfeine Weise
ein verstoßnes Grammophon.
Und der Walzerklang
tönt so arm und bang –
ach, das Lied ist längst vergessen schon.

Aus dem Fotoalbum steigen
graue Kinder, Männer, Fraun,
und sie wiegen sich im Reigen,
altertümlich anzuschaun.
Lange ist es her,
niemand kennt sie mehr,
und es wogt ihr wisperndes Geraun.

Ihre Namen sind vergessen.
Fragend sehen sie sich an.
»Ich war jemands Kind – doch wessen?«
»Wer war ich?« – »Warst du mein Mann?«
Und im Schattenkleid
der Vergangenheit
grüßen sie einander dann und wann.

Stolze Herrn und schöne Damen,
Offizier mit kühnem Blick …
Ach, sie steigen ohne Namen
in das Album still zurück.
Einen letzten Ton
schluchzt das Grammophon –
und ins Schweigen sinken Leid und Glück.

Das hässliche Mädchen

Mein seltsames Mädchen,
man hat dich von früh an gelehrt,
dass du hässlich bist.

Freilich,
der Weg zu deiner Schönheit
ist keine bequeme Autostraße
für Touristenbusse.

Deine Schönheit
ist eine im Urwald versunkene Inka-Stadt.

Wer sie entdecken will,
muss vieles auf sich nehmen:
Irrwege im Lianengestrüpp deiner Seele,
das Erwachen von Tieren,
deren Namen noch niemand kennt,
und die wilden Regengüsse
deines langen Kummers.

Ich aber
will mich aufmachen,
deine Schönheit zu suchen.
Darum spiele ich nun
die Beschwörungstrommel der Furcht
und der Hoffnung:

Sei mir gnädig,
mein seltsames Mädchen!

Das verlorene Lächeln

Als ich heut in heitern Träumen
durch die kalte Herbstwelt zog,
sah ich, wie in kahlen Bäumen
ein verlornes Lächeln flog.

Voller Wehmut war es, trauernd,
halb erfroren, todesmatt.
Und ich fragte es bedauernd,
wer es wohl verloren hat.

Und es flüstert: Wie Sie sehen,
ohne Bleibe ganz und gar,
muss ich sterben und vergehen,
find ich nicht ein Lippenpaar.

Und ich rief's zu mir hernieder,
und ich brachte dir den Fund.
Neu erblühen sah ich's wieder
heute Nacht auf deinem Mund.

Das Lied von der Anderwelt

Es gibt einen See in der Anderwelt,
drin sind alle Tränen vereint,
die irgendjemand hätt' weinen sollen
und hat sie nicht geweint.

Es gibt ein Tal in der Anderwelt,
da gehn die Gelächter um,
die irgendjemand hätt' lachen sollen
und blieb stattdessen stumm.

Es gibt ein Haus in der Anderwelt,
da wohnen wie Kinder beinand'
Gedanken, die wir hätten denken sollen
und waren's nicht imstand.

Und Blumen blühn in der Anderwelt,
die sind aus der Liebe gemacht,
die wir uns hätten geben sollen
und haben's nicht vollbracht.

Und kommen wir einst in die Anderwelt,
viel Dunkles wird sonnenklar,
denn alles wartet dort auf uns,
was hier nicht möglich war.

Choral für einen Kerzenstummel

Greise Kerze, die du hier
heimlich still und leise
dich verzehrst, ich singe dir
dieses Lied zum Preise.
Kaum ein Tröpfchen blieb dir mehr
über deinem Handeln:
All dein Wachs, du gabst es her,
um es zu verwandeln.

Ausgegeben hast du dich
ganz in Licht und Wärme.
Um dich her versammeln sich
kleine Engelschwärme.
In die Kerzen-Seligkeit
wolln sie dich geleiten.
Goldne Leuchter stehn bereit
in den Himmelsweiten.

Unter all der Sterne Schein,
unseren Trost im Dunkeln,
wirst du bald der Jüngste sein,
ewig dort zu funkeln.
Noch ein letzter Flämmchentanz
wehrt sich zu verschwinden.
Selbst für dich ist es nicht ganz
leicht, sich dreinzufinden.

Nun erlischt das Fünkchen auch,
das ich Gott befehle.
Als ein kleiner weißer Rauch
hebt sich deine Seele.

Geh du ein zur ewigen Ruh,
mild und ausgeglommen.
Könnten wir nur sein wie du,
wären wir vollkommen.

Was immer du erlebst …

Der Duft nach dem Regen
im nassen Kleinmädchen-Haar,
geheime Spiele,
verboten und wunderbar,
die Angst im finsteren Keller,
nachts und allein,
der Hund, der getreten wird,
bloß weil er Hund ist und klein,
der Lehrer, der dich
gehorchen und lügen lehrt,
der Schrei eines Zugs,
der mit dir in die Einsamkeit fährt,
die künstlichen Zähne
im Glas am Bett Onkel Pauls
und der traurige Hut
auf dem Kopf eines Droschkengauls,
der Freund, der schweigend
für dich die Prügel bezieht,
und der Feind, der dich hasst,
nur weil er dich glücklich sieht.

Und jede Einzelheit – denkst du noch dran? –
war einmal wichtig, nichts schien dir banal,
denn alles das erlebt man irgendwann
zum ersten Mal.

Das Geheimnis der Tür,
hinter der jemand Geige spielt,
das Kind, das auf dich
mit dem Spielzeugrevolver zielt,
die Finsternis einer Umarmung,
in der man nicht liebt,
der Hunger nach einer Speise,
die es nicht gibt,
das bezaubernde Lächeln

der Braut im unmöglichen Kleid,
der Arzt, der dir sagt:
»Es war alles umsonst – tut mir leid«,
das Fischerboot –
und der Meerwind in deinem Haar,
dein Spiegelbild
hinter Flaschen in einer Bar,
das sanfte Licht
eines Sterns im nächtlichen Blau
und der Schatten von Laub
auf der Haut einer schlafenden Frau.

Und jede Einzelheit – du denkst nicht dran –
wird einmal wichtig, nichts mehr ist banal,
denn alles das erlebst du irgendwann
zum letzten Mal.

Der Autor

© Caio Garrubba

Michael Ende (1929–1995) ist einer der erfolgreichsten deutschsprachigen Schriftsteller. Neben Kinder- und Jugendbüchern schrieb er poetische Bilderbuchtexte, Bücher für Erwachsene, Theaterstücke, Gedichte und Essays. Michael Endes Werke wurden in über 40 Sprachen übersetzt und erreichen heute eine Gesamtauflage von über 33 Millionen Exemplaren. Viele seiner Bücher wurden verfilmt und sind auch aus Funk und Fernsehen bekannt.

Mehr Infos zu Michael Ende unter www.michaelende.de

Weitere Titel von Michael Ende bei hockebooks

Der Spiegel im Spiegel
Ein Labyrinth
978-3-95751-046-4

Der Spiegel im Spiegel – Michael Endes Buch ist ein phantastisches Geschichten-Labyrinth der ganz besonderen Art. Für den Autor selbst war dieses Werk von großer Bedeutung: In Interviews nannte er es gerne seine »*unendliche Geschichte* für erwachsene Leser«. Der Leser wird in eine geheimnisvolle Erzählwelt entführt, voller skurriler Situationen und mysteriöser Schicksale, surrealer Bilder und philosophischer Gedanken. Wer sich staunend diesen Rätselvisionen öffnet und sich auf die phantastischen Geschichten einlässt, der gelangt aus Michael Endes Zauber-Labyrinth mit neuem Blick wieder ins Freie. Kernfrage ist: Was spiegelt sich in einem Spiegel, der sich in einem Spiegel spiegelt? Lesen zwei Leser das gleiche Buch, dann lesen sie dennoch nicht dasselbe. Denn jeder der beiden bringt sich selbst in die Lektüre ein. Das Buch wird zu einem Spiegel, in dem sich der Leser spiegelt. Aber genauso ist auch der Leser ein Spiegel, in dem sich das Buch spiegelt: Der Spiegel im Spiegel verweist den Leser auf sich selbst zurück. Die *FAZ* schreibt, dass Michael Ende mit dem Buch zeige, »wie viel Dunkles, Wildes, Rohes den Träumen innewohnt. Er verharmlost nicht. Seine Träume haben Bezug zur Realität, denn im Traum, schrieb Cicero ›wälzen und tummeln sich in den Seelen die Reste derjenigen Gegenstände umher, die wir wachend gedacht und getrieben haben‹.«

Das Gefängnis der Freiheit
Geschichten von Wundern und Zeichen
978-3-95751-039-6

Michael Ende, dem Großmeister phantastischer Literatur, gelingt es mit seinen Geschichten, junge und alte Leser aus allen Ländern in seinen Bann zu ziehen. Mit den acht Erzählungen dieses Bandes entführt der große Geschichtenerzähler den staunenden Leser in die Welt der Phantasie, in eine Welt voller Wunder und Zeichen. In dem Erzählband »Das Gefängnis der Freiheit« erzählt Michael Ende von dem Korridor eines imposanten römischen Palazzo, dessen Ende niemals erreicht werden kann, von einer herrschaftlichen Villa, die durch ihr weites, einladendes Portal niemals zu betreten ist – und die Geschichte von einem, der auszog, das Wundern zu lernen. Und auch wenn es die magischen Orte, an denen die phantastischen Geschichten spielen, in Wirklichkeit nicht gibt, erkennen wir sie wieder: Sie führen in die Innenwelt eines jeden von uns, der sich mit den hier versammelten Abenteuern auf eine phantasievolle Reise zu sich selbst begibt.

Die Archäologie der Dunkelheit
Gespräche über Kunst und das Werk des Malers Edgar Ende
(mit Jörg Krichbaum)
978-3-95751-002-0

Die Archäologie der Dunkelheit ist die Niederschrift eines mitreißenden Künstlergesprächs. Michael Ende erzählt in noch nie dagewesener Weise von der Malerei seines Vaters und seiner eigenen Beziehung zur Literatur: Mitte der 80er treffen sich die beiden Schriftsteller Jörg Krichbaum und Michael Ende, um über einen Künstler zu sprechen, der von den Nazis als »entartet« verdammt wurde: Michael Endes Vater Edgar Ende. Ursprünglich als reines Informationsgespräch gedacht, entwickelt sich der Austausch rasch zu einem spannenden Gespräch über die Kunst und Malerei des 20. Jahrhunderts, das schließlich mehrere Tage dauert. Welchen Bezug gibt es von den visionären Bildern des Vaters zur magischen Zauberwelt des Sohnes wie in der »unendlichen Geschichte«? Stößt man bereits in den Werken Edgar Endes auf Hinweise darauf, womit Michael Ende Leser auf der ganzen Welt begeistern wird?

Phantasie / Kultur / Politik
Protokoll eines Gesprächs
(mit Erhard Eppler und Hanne Tächl)
978-3-95751-003-7

Unsere Gesellschaft braucht mehr denn je positive Utopien. Anfang der 80er treffen sich Michael Ende, Hanne Tächl und Erhard Eppler im Tal der Seligen in den Albaner Bergen, nahe Rom. Zwei Tage lang diskutieren der Geschichtenerzähler, die Schauspielerin und der Politiker darüber, wie eine zeitgemäße Utopie aussehen könnte. Welchen Beitrag können und müssen Kultur und Politik für eine bessere Zukunft leisten? Durch den Austausch der Gesprächspartner, die aus ganz und gar verschiedenen Welten kommen, entstehen nach und nach neue Denkansätze für eine bessere und menschlichere Zukunft. Dabei spielt vor allem die Phantasie, die schöpferische Kraft des Menschen, eine überragende Rolle. Ein Debattenbuch, dessen Thesen bis heute Gültigkeit besitzen – denn die Kraft einer positiven Utopie, die die Menschen verbindet, ist in Zeiten globaler Krisen wichtiger denn je.